Antonio Carlos de Souza

FÉ EM DEUS

1ª Edição

Vinhedo SP
IFC-Editora
2010

FÉ EM DEUS por Antonio Carlos de Souza
Publicado por IFC Editora
Avenida Apparecida Tellau Seraphin Km 2.5
Trevo
13280-000 Vinhedo - SP
www.ifceditora.com.br

Impresso por Imprensa da Fé
Rua Ferreira Viana, 828
Vila Socorro
04761-010 São Paulo - SP
www.imprensadafe.com.br

Todas as citações das Escrituras são da Bíblia 2ª Edição Revista e Atualizada de João Ferreira de Almeida.

Diagramação: Gabriel Monteiro Lemos
Capa: Nataly Guimarães Muranaka De Renzo
Revisão: Regiane Pastore Estácio

Dedico aos alunos e professores do
IFC – Escola de Ministérios, pois eles foram
um incentivo e serviram de inspiração
para que eu escrevesse este livro.

Sumário

Introdução

Este é um tema de especial importância para a Igreja, pois vida cristã é vida de fé. Principalmente nestes dias, em que esta palavra - fé - tem sido deturpada e usada de maneira errada, nunca foi tão importante fazermos uma abordagem bíblica sobre este assunto.

Experiências pessoais não servem para se formar doutrinas bíblicas, pois não se baseiam na Palavra de Deus.

Experiências pessoais não mudam a Palavra de Deus, mas Esta tem o poder, n´Ela mesma, de mudar circunstâncias e levar as pessoas a terem experiências com Deus.

Infelizmente, algumas pessoas por falta de entendimento correto sobre fé, têm feito grandes tolices e colhido resultados contrários àqueles que gostariam que acontecessem em suas vidas.

O objetivo deste livro é colocar uma base, isto é, o fundamento bíblico sobre o qual a fé deve ser construída. Sim, fé se constrói, se edifica:

> *"Vós, porém, amados, edificando-vos na vossa fé santíssima..."*
>
> JUDAS 20a

Existem pessoas que ficam orando pedindo fé, mas não vão obter o que pedem, pois a vontade de Deus é que usemos a fé que já temos (não importa qual seja o tamanho dela), e a exercitemos, a fim de que ela cresça e se torne forte e poderosa, para que possamos andar verdadeiramente em vitória.

Quando falamos em fundamento, estamos nos referindo ao alicerce sobre o qual devemos desenvolver nossa fé. É como um edifício que vai ser construído.

Toda construção tem uma base, um alicerce, sobre o qual ela será edificada. Este alicerce deve ser compatível com o porte do que será erguido sobre ele. Para uma pequena casa, é necessário um tipo de alicerce, enquanto para um grande edifício a base é outra, porque é ela quem vai dar sustentação e firmeza ao que está sendo construído. Se a base for feita de forma errada ou inconsistente, o edifício correrá o risco de sofrer grandes danos e até vir a ruir.

O mesmo ocorre com a fé. Se a base sobre a qual ela está sendo construída não estiver correta, esta base é fraca. Desse modo não há como manter a sustentação nos momentos de dificuldade.

É assim que está a vida da maior parte da humanidade e a culpa não está em Deus, mas na base errada sobre a qual a fé dessas pessoas está sendo construída.

De uma forma ou de outra, todos os homens têm algum tipo de fé. Até mesmo o ateu, que diz não crer em Deus, embora não dando nenhum valor às coisas espirituais, certamente tem alguma forma de expressar fé natural. Por exemplo: quando ele pega um ônibus ou um táxi e tem a certeza de que este o levará ao destino desejado; ou quando compra um produto e crê que as especificações contidas na embalagem estão de acordo com o produto inserido dentro dela: peso, forma, sabor etc. Embora sua fé não esteja colocada em algum tipo de formato espiritual, ela existe no sentido natural.

Este pode ser um exemplo bastante simples, mas o

intuito é o de mostrar que todo homem, por mais incrédulo que seja quanto às coisas espirituais, tem fé, porém uma fé natural.

Outros têm sua fé em um ser ou algo relacionado ao mundo espiritual, mas por não ser segundo a Palavra de Deus, a base desta fé não está correta, portanto não tem como garantir o resultado esperado.

É sempre bom lembrar que, no mundo espiritual, há Deus e há o diabo, há anjos e há demônios. A única forma de atingir o mundo espiritual e trazer o mover de Deus e de seus anjos para nossa vida, é andar pela Palavra de Deus.

Quando a fé não está com a base correta, embora tenha sinceridade de coração, a pessoa está firmando sua fé numa base falsa e, desse modo não há como trazer o mover de Deus.

O maior problema, portanto, não está na fé, mas na base sobre a qual a fé está sendo apoiada. Uma vez conhecida a base correta da fé, poderemos desenvolvê-la de modo que andemos segunda a vontade de Deus, ou seja, em fé verdadeira.

É justamente sobre isso que vamos procurar desenvolver este livro, para que o caro leitor possa ter um entendimento bíblico sobre este assunto e, assim, conseguir alcançar vitória em sua vida.

Que ele possa, de alguma forma, contribuir para o crescimento de sua fé e, assim, ser um instrumento de Deus para sua edificação espiritual.

O Autor

Quando olhamos para o mundo em que vivemos, certamente temos que concordar que as coisas estão bastante complicadas. Há muitos problemas para serem resolvidos e as pessoas estão cada vez mais infelizes: lares destruídos, problemas financeiros, desemprego, solidão, angústia, doenças. Enfim, um mundo de muitas dificuldades e misérias, onde temos de lutar e buscar ajuda espiritual para conseguirmos um auxílio sobrenatural para nossos enfrentamentos do dia-a-dia.

Será isto por falta de religião? Certamente que não, pois nunca houve tantas religiões e de todos os tipos que se possa imaginar no mundo.

Qual é a razão desse estado das coisas? A resposta é que as pessoas estão afastadas do Deus verdadeiro e por isso não conseguem suprir suas necessidades, sejam elas quais forem. O que fazem, então? Elas procuram, de alguma forma, buscar auxílio no mundo espiritual, uma vez que no natural não estão conseguindo resultados que produzam paz em seus corações e alegria em suas vidas.

É aqui que encontramos as mais diferentes formas de ajuda, nas quais as pessoas se apoiam buscando solução para os seus problemas e dificuldades. Colocam sua fé em tudo aquilo que lhes é oferecido, crendo que assim conseguirão alcançar o favor de alguma entidade superior, que julgam ser mais forte e poderosa do que elas.

Quando Deus libertou o povo judeu da escravidão do Egito, antes que eles entrassem na terra que Ele havia prometido, uma terra fértil e abundante, deu a eles a seguinte ordem:

> *"Quando entrares na terra que o Senhor, teu Deus, te der, não aprenderás a fazer conforme as abominações daqueles povos.*

> *Não se achará entre ti quem faça passar pelo fogo o filho ou a filha, nem adivinhador, nem prognosticador, nem agoureiro, nem feiticeiro; nem encantador, nem necromante, nem mágico, nem quem consulte os mortos; pois todo aquele que faz tal coisa é abominação ao Senhor; e por estas abominações o Senhor, teu Deus, os lança de diante de ti".*
>
> DEUTERONÔMIO 18:9-12

Deus não permitiu que Seu povo participasse das formas religiosas praticadas pelos povos com os quais eles iriam se relacionar. Observe que este trecho diz que essas práticas eram abominações a Ele. A mesma coisa ocorre com as práticas religiosas de nossos dias. Elas são abomináveis diante de Deus, pois têm sua origem no homem e não em Deus. Os homens desprezam o que Deus estabeleceu em Sua Palavra e buscam estabelecer suas próprias formas de culto.

Muitas dessas pessoas são sinceras e íntegras. Deus não rejeita as pessoas, mas suas práticas, as quais não estão de acordo com as Escrituras.

Quando lemos sobre a vida de Caim e Abel, no livro de Gênesis, capítulo quatro, vemos que Deus aceitou a oferta de Abel, mas rejeitou a oferta de Caim. Observamos claramente no texto que Deus não rejeitou a pessoa de Caim, mas sua oferta, tanto que oferece a ele uma oportunidade para se consertar e trazer a oferta correta.

Da mesma forma, a maior parte da humanidade tem trazido ofertas que Deus não pode aceitar, porque estão em desacordo com sua Palavra. A única forma de o homem ser aceito por Deus é mudar suas práticas, corrigindo sua base de fé.

Sem uma base correta de fé, não há como a pessoa se achegar a Deus e trazer os benefícios de Seu Reino para sua vida.

O que queremos demonstrar é que se a fé não estiver alicerçada na base certa, ela não tem como oferecer nenhuma garantia de resposta aos diversos tipos de problemas pelos quais todos passam.

As religiões não têm como resolver os problemas das pessoas.

É por isso que as pessoas, na hora da dificuldade, se apegam a tudo o que lhes oferecem como alternativa, para ver se de alguma forma, seja ela qual for, elas conseguem resolver seus problemas.

Existem muitos ensinos diferentes e divergentes no mundo sobre como recorrer às forças superiores (divindades) para se conseguir auxílio. Muitas coisas escritas, livros de autoajuda, seminários, conselhos de pessoas bondosas e diferentes formas de religião. Mas com tantas opções e de todos os tipos, como saber em qual delas devemos apoiar nossa fé?

Novamente é bom reforçar e insistir no que já foi dito anteriormente por várias vezes:

É preciso entender que se a base da sua fé não for correta, então essa fé não oferece nenhuma garantia de que você irá obter resultados favoráveis para os problemas de sua vida.

É justamente por causa dessa variedade de religiões, seitas, ensinos, simpatias, correntes filosóficas e tantas outras coisas que se apresentam por aí, que as pessoas acabam ficando confusas sobre qual a melhor direção a seguir, qual a mais poderosa, no que se firmar, e tantas outras orientações que são dadas.

Na ansiedade por encontrar uma solução, as pessoas vão buscando ajuda em todos os lugares e praticando tudo que lhes dizem que vai dar certo. Contudo, não têm a certeza absoluta de que vai funcionar. Elas esperam, até com muita sinceridade e fé que vão conseguir o que estão pedindo.

Se perguntarmos para elas se creem que vão conseguir, vamos ouvir que esperam que sim. Elas desejam receber a resposta que estão necessitando, mas certeza, certeza, não têm.

Com o tempo, essas pessoas percebem que as coisas não estão correndo como elas imaginavam e que não estão conseguindo superar suas dificuldades. Então se decepcionam com aquilo que estavam fazendo e vão atrás de outra forma de auxílio.

Essas pessoas têm desejo que o resultado tão esperado aconteça. Procuram com esforço, zelo e determinação fazer tudo o que lhes mandam e esperam que dessa forma as coisas venham a se arrumar. Mas elas não têm nenhuma segurança de que vão receber o que precisam, pois lhes falta a certeza absoluta de que suas petições foram ouvidas, e que certamente haverá resposta. Por isso vão de um lugar a outro, fazem tudo que lhes dizem, mas sem ter a plena convicção de que receberão o que estavam buscando.

A Palavra de Deus nos diz que a fé é certeza:

"Ora, a fé é a certeza de coisas que se esperam, a convicção de fatos que se não veem".

HEBREUS 11:1

Sem essa certeza, sem a plena convicção, não há como ter garantia de receber o que se pediu.

Para muitos, suas petições ou preces são como uma loteria. Ficam torcendo para que dê certo, que alguém a quem recorreram em busca de ajuda tenha ouvido e lhes responda, e que, de alguma forma, recebam o que estão buscando.

Mas, se a base da fé não for correta, se não estiver colocada no fundamento certo, então, por mais que se esforcem, que lutem ou sejam sinceros, todo o esforço será em vão e não será suficiente para conseguir o resultado tão esperado.

Por outro lado, se a base de fé estiver colocada no fundamento certo, então não dependerão de sorte, mas terão a garantia de resposta.

Misticismos X Fé

Infelizmente, pelo desconhecimento da Palavra de Deus, há irmãos com pureza de coração e sinceridade, sendo levados a colocar sua fé em "objetos consagrados" como: "óleo de Israel", "sal do Mar Morto", "sangue do cordeiro", "lenço ungido" e tantas outras coisas que vemos em nosso meio que, em vez de produzir fé no coração das pessoas, levam-nas a crer que essas coisas têm, em si mesmas, poder para resolver seus problemas.

Utilizar algum tipo de objeto como símbolo ou lembrete de uma campanha que a igreja esteja desenvolvendo é uma coisa. Mas transferir para este objeto o poder de produzir resultados, para resolver os problemas, se constitui num desvirtuamento da fé cristã.

A Palavra é bem clara sobre a maneira das pessoas desenvolverem fé:

> *"E, assim, a fé vem pela pregação, e a pregação, pela palavra de Cristo".*
>
> ROMANOS 10:17

Em outra versão, lemos que a fé vem pelo ouvir a Palavra de Deus. Quanto mais relacionamento com Deus e Sua Palavra, mais a pessoa vai recebendo de Deus e, desta maneira, o ambiente para o desenvolvimento da fé vai sendo preparado.

Não é o "sal do Mar Morto" ou o "óleo de Israel" que vão produzir resultados na vida da pessoa, mas onde sua fé está sendo colocada. Quando alguém coloca sua fé nessas coisas, a base sobre a qual ela está colocando sua fé está errada. Não vai funcionar.

O uso destes tipos de artifícios, em algumas igrejas, é uma exploração da ignorância espiritual do povo. Em vez de levá-lo a crer na Palavra de Deus e que as bênçãos vêm do Senhor Jesus, mediante a fé na sua obra no Calvário, desviam-no da fé verdadeira através desses subterfúgios.

> *"Bendito o Deus e Pai de nosso Senhor Jesus Cristo, o qual nos tem abençoado com toda sorte de bênção espiritual nas regiões celestiais em Cristo".*
>
> EFÉSIOS 1:3

É isso que os irmãos precisam aprender:

"Que já fomos abençoados (é passado – a obra já foi feita)

com tudo que precisamos para viver hoje (no presente) uma vida vitoriosa aqui na terra".

O que vai fazer com que as bênçãos cheguem até nós é entendermos a obra que Jesus realizou na cruz, levando tudo o que era contrário a nós, e colocarmos nossa fé n'Ele.

Quando a Palavra de Deus é substituída pelo misticismo, o que sobra é superstição religiosa e exploração da simplicidade e sinceridade das pessoas que precisam de ajuda e recorrem a essas práticas em busca de solução.

A Exploração da Fé

Aqui cabe uma advertência quanto à forma errada como a palavra fé tem sido usada. Pessoas têm sido induzidas a fazerem coisas "pela fé", sem que tenham recebido o ensino correto sobre o que é fé e como ela funciona, para que possam tomar atitudes que verdadeiramente produzam resultados em suas vidas.

A impressão que se tem ouvindo certas mensagens que são pregadas é que "fé" é uma palavra mágica: basta a pessoa declarar que está fazendo as coisas por fé e pronto, está tudo resolvido, tudo o que está precisando vai acontecer num piscar de olhos.

Quando alguém não tem o entendimento do que é a fé de acordo com a palavra de Deus e, de como ela funciona, pode ser induzido a tomar atitudes tolas, que poderão afetar negativamente sua vida financeira e abalar o seu relacionamento com Deus, pelo descontentamento com a bênção não alcançada.

As dificuldades pelas quais as pessoas passam em suas vidas e a necessidade de mudarem estas situações, infelizmente, têm sido alvo para que elas sejam atraídas, para reuniões espirituais com promessas de solução. Mas quando ali comparecem, são induzidas a dar "sua melhor oferta", "uma oferta sacrificial", "uma oferta de fé" ou sofrem autras formas de apelos para receberem "o milagre", a "bênção de Deus".

A palavra de Deus nos adverte sobre isso:

> *"Se alguém ensina outra doutrina e não concorda com as sãs palavras de nosso Senhor Jesus Cristo e com o ensino segundo a piedade, é enfatuado, nada entende, mas tem mania por questões e contendas de palavras, de que nascem inveja, provocação, difamações, suspeitas malignas, altercações sem fim, por homens cuja mente é pervertida e privados da verdade, supondo que a piedade é fonte de lucro".*
>
> 1 TIMÓTEO 6:3-5

Observe o que o texto diz: "... supondo que a piedade é fonte de lucro". Sabe o que isso quer dizer? Pessoas que se aproveitam das necessidades dos outros para obterem vantagens financeiras.

Pessoalmente, considero uma desonestidade quando uma igreja não ensina a palavra de Deus a seus membros, a fim de que estes sejam verdadeiramente libertos de toda forma de cativeiro, seja ele financeiro, de enfermidades, de vícios, de problemas familiares e possam experimentar o agir de Deus através de uma fé saudável, que tenha por base as Escrituras.

Quando isso não acontece, essas pessoas, pelo desconhecimento do que Deus diz em sua palavra, poderão ser alvos fáceis de manipulação daqueles que têm interesses pessoais e são destituídos de amor e compaixão para com os que estão sofrendo e necessitando do auxílio de Deus.

Infelizmente, hoje, vemos um verdadeiro comércio em nome da fé e uma exploração da sinceridade daqueles que, no desespero ou na esperança de conseguirem respostas para seus problemas e dificuldades, acabam, em alguns casos, caindo nas mãos de pessoas inescrupulosas e manipuladoras.

Para ilustrar o que está sendo dito, soube de um caso de um jovem crente que estava no hospital desenganado pelos médicos. O pai desse jovem era um empresário muito bem sucedido, mas não era convertido. Um "homem de Deus" sabendo do que estava ocorrendo, se ofereceu para orar e "curar" o filho desse empresário, só que para isso ele teria que pagar quase R$ 20.000,00 (vinte mil reais). O que você faria no lugar desse pai desesperado por estar vendo seu filho doente e sem perspectivas de vida? Pagaria esse valor em troca da saúde do seu filho? Foi o que esse pai fez: pagou o valor que lhe tinha sido pedido.

O "homem de Deus" orou, o jovem não foi curado e ele sumiu com o dinheiro.

É revoltante ver o que pessoas são capazes de fazer para auferir vantagens e conseguir dinheiro. São "profetadas", isso mesmo, "profetadas", porque vêm do homem e não de Deus. Certas "revelações" e tantas outras coisas que são feitas visando lucro financeiro.

Em nossa caminhada cristã não só vamos nos deparar com os "Eliseus", que estão sempre prontos a ajudar, sem querer nada em troca, mas também com os "Geazis", querendo tirar proveito das dificuldades das pessoas, de olho no retorno que a pessoa pode dar pela "bênção" a ser recebida. Para conhecer melhor sobre a atitude de Eliseu em contraposição à de Geazi, leia o segundo livro de Reis, capítulo 5.

Para andarmos continuamente em vitória e para não ficarmos dependendo de alguma migalha de bênção aqui ou ali, temos que viver por fé. Mas a fé verdadeira, genuína, sem falsificações ou charlatanismos. A fé que tem uma base legítima.

É sobre isso que vamos tratar no próximo capítulo.

CAPÍTULO 2

O FUNDAMENTO CORRETO DA FÉ

*"Ora, a fé é a certeza das coisas que se esperam,
a convicção de fatos que se não veem".*
HEBREUS 11:1

Uma das coisas mais importantes que temos que entender sobre a fé é a sua origem. Sim, a fé tem uma origem, e ela começou com Deus.

Este tipo de afirmação pode parecer estranha para alguns, pelo fato deste não ser um tema muito popular entre as pessoas que professam sua fé n'Ele. Mas a verdade é que sem fé seria impossível Deus criar todas as coisas como diz a Bíblia. Ele é Deus de fé, porque a fé sempre antecede os acontecimentos.

Deus usou a Sua fé para trazer à existência, do mundo espiritual para o natural, as coisas que ainda não existiam, mas que Ele tinha certeza que aconteceriam:

> *"Como está escrito: Por pai de muitas nações te constituí, perante aquele no qual creu, o Deus que vivifica os mortos e chama à existência as coisas que não existem".*
>
> ROMANOS 4:17

No princípio estava Deus e nada existia até então. Como o mundo foi formado, então? A resposta está na Sua Palavra:

> *"No princípio, criou Deus os céus e a Terra".*
>
> GÊNESIS 1:1

> *"Pela fé, entendemos que foi o universo formado pela palavra de Deus, de maneira que o visível veio a existir das coisas que não aparecem".*
>
> HEBREUS 11:3

Foi Deus quem criou os céus e a terra. Tudo o que existe no universo não foi fruto de uma explosão (big bang), mas da mente de Deus que, primeiro planejou todas as coisas na eternidade passada, depois executou o plano que estava na sua mente, usando para isso a Sua Palavra:

> *"Lembrai-vos das coisas passadas da antiguidade: que eu sou Deus e não há outro, eu sou Deus, e não há outro semelhante a mim; que desde o princípio anuncio o que há de acontecer e desde a antiguidade as coisas que ainda não sucederam; que digo: o meu conselho permanecerá de pé, farei toda a minha vontade; que chamo a ave de rapina desde o Oriente e de uma terra longínqua, o homem do meu conselho. Eu o disse, eu também o cumprirei, tomei este propósito, também o executarei".*
>
> ISAÍAS 46: 9-11

Deus só poderia fazer esta afirmação baseado na Sua fé de que as coisas que Ele tinha planejado certamente iriam acontecer. Deus é Deus de fé, por isso Ele requer que Seus filhos andem por fé n'Ele e em Sua palavra.

Certa vez, li uma frase num adesivo em um carro que me chamou muito a atenção:

"Eu acredito no Big Bang. Deus falou e bang, tudo passou a existir".

Achei muito interessante esta frase. Realmente nada existia antes de Deus. Ele é autoexistente. Nossa mente natural não consegue entender isso, é uma questão de fé. As coisas de Deus não se discernem no âmbito da alma, da razão, da lógica humana e, principalmente, a Sua existência.

Aí é que entra a fé: crermos ou não no que a Bíblia relata a respeito de Deus e da criação. Como o ser humano tem dificuldade em viver por fé, a explicação evolucionista atende aos requisitos da razão, da mente racional e inquiridora que rejeita as coisas de Deus e busca explicações fora da Bíblia.

A Bíblia é bem clara quando fala sobre a existência de Deus e de Sua criação:

> *"O Senhor fez a terra pelo Seu poder; estabeleceu o mundo por Sua sabedoria e com a Sua inteligência estendeu os céus".*
>
> JEREMIAS 10:12

> *"A ira de Deus se revela do céu contra toda a impiedade e perversão dos homens que detêm a verdade pela injustiça; porquanto o que de Deus se pode conhecer é manifesto entre eles, porque Deus lhes manifestou. Porque os atributos invisíveis de Deus, assim o seu eterno poder, como também sua própria divindade, claramente se reconhecem desde a criação do mundo, sendo percebidos por meio das coisas que foram criadas. Tais homens são, por isso, indesculpáveis".*
>
> ROMANOS 1:18-20

Há cientistas que tentam provar a existência do universo como fruto da evolução. Porém, se atentarmos para a natureza como mostram os versículos acima, poderemos concluir que seria impossível não haver um Ser de extrema sabedoria por trás de tudo isso.

A questão é, por exemplo:

Por que na natureza tudo está tão bem organizado por espécies? Quando se observa a natureza, vê-se grupos de animais da mesma espécie andando juntos, que só se cruzam entre si. Por que um urubu não cruza com uma galinha? Ambos não são aves? A resposta é: "Porque Deus criou os animais, cada um, conforme a sua espécie".

Se tudo fosse fruto de evolução, como explicar esta observação tão simples?

Quem determinou que os animais se reproduzissem apenas entre os da mesma espécie? A resposta é: "Deus!".

Se no mundo animal não fosse obedecida certa ordem, como seria a diversidade de animais, uma vez que diferentes espécies cruzassem entre si? Certamente teríamos os tipos mais estranhos de animais entre répteis, aves, peixes etc.

Depois de tantos milhares de anos, imagine o leitor que tipos esquisitos e grotescos de animais teríamos sobre a Terra. Mas é isso que encontramos? Obviamente que não. Por quê? Porque foi Deus quem criou todas as coisas e estabeleceu leis naturais para reger a natureza, incluindo aí todos os seres viventes. É por isso que tudo está tão organizado.

O apóstolo Paulo, em Romanos, na continuação do seu discurso sobre a criação, fala a respeito daqueles que rejeitam a sabedoria de Deus e buscam em sua própria sabedoria a resposta para estas questões:

> *"Inculcando-se por sábios tornaram-se loucos".*
>
> ROMANOS 1:22

Para o mundo, crer na Bíblia é uma loucura. Mas para Deus, o não crer em Sua Palavra, isso sim que é loucura. Acreditar que de uma explosão as coisas passaram a existir, é rejeitar o que a Bíblia diz: "Que Deus, pela Sua palavra, criou todas as coisas", como já mencionamos anteriormente, nos versículos que foram apresentados.

Crer que as leis físicas que governam o universo, as

quais o homem veio a descobrir ao longo do tempo, aconteceram por acaso, é mais absurdo do que crer que Deus é o originador de todas as coisas que existem no universo, sejam elas visíveis ou invisíveis.

Existe uma ordem tal na natureza que seria impossível tudo ser fruto de uma evolução. Embora não seja cientista para entrar numa discussão como esta, tenho base bíblica para fazer tais afirmações e, para mim, isso é o que importa.

Ao observarmos o universo, a organização dos astros e estrelas, a distância do sol em relação à Terra, permitindo que haja vida, e tantos outros detalhes, é impossível não concluirmos que existe uma mente por trás de tudo isso. É a mente de Deus.

Reflita um pouco:

"O que acontece se você deixar algo solto ao acaso?"

Vamos dar um exemplo. Você está com problemas de relacionamento em família. As coisas não estão indo bem entre você e sua esposa, mas nenhum dos dois toma atitude alguma para produzir mudança. Você acha que com o tempo as coisas vão se resolver por si só? Claro que não. É necessário fazer alguma coisa para que haja uma mudança na situação.

Algumas pessoas também têm a ideia de ir procrastinando (vulgarmente conhecido como "empurrar com a barriga"). Acham que com o tempo as coisas se resolvem por si só, e assim deixam de tomar atitudes. Você crê que isso funciona? É claro que não.

Se não houver uma decisão para se identificar o problema e buscar a forma de resolvê-lo, as coisas não irão melhorar. Provavelmente, piorarão.

É por isso que muitos casamentos, infelizmente, terminam em divórcio. As pessoas vão deixando as coisas seguirem seu próprio rumo e os relacionamentos vão se deteriorando, ao ponto do casal achar que não existe mais solução. É claro que existe, mas o casal tem que agir em cima do problema para que as coisas possam ser resolvidas.

Existe um princípio na vida: tudo o que não é organizado tende ao caos. Seria impossível que a evolução, por si só, conseguisse fazer com que a natureza fosse tão ordenada como é. Vamos refletir mais um pouco sobre isto. Se tudo fosse fruto da expansão evolucionista do universo, nós teríamos as coisas tão bem organizadas na natureza como elas são? A distância do sol em relação ao planeta Terra é tal que se fossem mais próximos um do outro ou mais distantes, seria impossível haver vida. Foi o acaso que proveu isto? Certamente que não, mas Deus, o Criador.

Quer ver mais uma coisa? Os homens estão gastando bilhões de dólares procurando descobrir água em outros planetas (se descobrirem água, descobrirão vida). Se tão somente cressem na Bíblia evitariam esse desperdício, pois em nenhum outro planeta existe água, senão na Terra:

> *"Disse também Deus: Ajuntem-se as águas debaixo dos céus num só lugar, e apareça a porção seca. E assim se fez. A porção seca chamou Deus Terra e ao ajuntamento das águas, Mares. E viu Deus que isso era bom".*
>
> GÊNESIS 1:9-10

Só existe água na Terra, pois a Bíblia assim o diz. Que haja vestígios de que outrora existiu água em outros planetas é bem provável, mas hoje não, porque Deus ordenou que toda a água debaixo dos céus se juntasse num só lugar: na Terra.

Relembrando então: "O que Deus usou para criar todas as coisas?". Resposta: " A Sua Palavra de Fé":

> *"Pela fé, entendemos que foi o universo formado pela palavra de Deus, de maneira que o visível veio a existir das coisas que não aparecem".*
>
> HEBREUS 11:3

O ser humano tem dificuldade de entender que Deus usou a Sua palavra para criar todas as coisas. A mente humana não consegue entender que Deus existia antes de tudo. É mais fácil acreditar numa explosão geradora do universo do que no Deus criador de todas as coisas. A evolução satisfaz a mente racional do homem. A criação não, pois ela exige fé.

A fé começou, portanto, em Deus. Por essa razão a Palavra de Deus, por quatro vezes, afirma que o justo (aquele que foi justificado pela sua fé em Cristo como Salvador e único Senhor), viverá da fé:

> *"... mas o justo viverá pela sua fé".*
>
> HABACUQUE 2:4b

> *"visto que a justiça de Deus se revela no evangelho, de fé em fé, como está escrito: o justo viverá por fé".*
>
> ROMANOS 1:17

> *"E é evidente que, pela lei, ninguém é justificado diante de Deus, porque o justo viverá pela fé".*
>
> GÁLATAS 3:11

"Todavia, o meu justo viverá pela fé...".

HEBREUS 10:38

A vida cristã é vida de fé.

Aqui está o grande problema da Igreja: Muitos acham que as coisas acontecem automaticamente e não é assim. Para se alcançar resultados, tem de se esforçar. Qual é o esforço do cristão? Colocar em prática a Palavra que recebeu.

O fato de alguém ir à igreja e somente frequentar os cultos não resolve seus problemas do dia-a-dia. Aqui está um grande erro que alguns cometem. Acham que ir à igreja já é a solução de seus problemas. Não é!

Ir à igreja local e frequentar regularmente os cultos é muito bom e correto, pois ali ouvirá a Palavra de Deus, participará com os irmãos da adoração e receberá a ministração da parte de Deus, seja através da Palavra ou do mover do Espírito Santo na igreja.

É muito importante prestar bastante atenção ao que está sendo pregado (desde que a mensagem esteja de acordo com a Bíblia), pois esse é o momento de receber o recado de Deus. A questão que se segue é: o que fazer com esse recado? É triste vermos que, durante a ministração da Palavra, há irmãos que ficam dispersos, conversando, ou fazendo qualquer outra coisa em vez de prestarem atenção à mensagem.

Para outros a Palavra é válida somente para o culto, pois ao saírem da igreja já não se lembram mais do que foi falado. Está errado. A Palavra deve nos acompanhar durante todos os dias. Haverá situações em que precisaremos colocá-la em ação, e Ela fará a diferença em nossas vidas.

Precisamos colocar a Palavra de Deus que aprendemos, em prática, senão Ela não vai funcionar. Para isso é necessário que a pessoa creia que a Palavra de Deus é verdadeira e que não mente nem falha.

Da mesma forma como foi com Deus, para que as coisas possam vir a existir em nossas vidas, temos de exercer a mesma fé que Ele tem!

Conhecer e Praticar

Conhecer a vontade de Deus

A Bíblia é a Palavra que Deus deixou escrita para que o homem pudesse conhecê-LO, bem como a Sua vontade.

"Embora toda a Bíblia seja a Palavra de Deus, nem tudo que está escrito é a Sua vontade específica".

Para encontrar a vontade de Deus, você tem que primeiramente ler toda a Bíblia.

Encontramos nela promessas, mandamentos, enfim, todos os requisitos para vivermos a vida cristã segundo o padrão de Deus e, desse modo, andarmos continuamente em vitória. Não estou falando de uma ou outra experiência esporádica. Estou falando de andar e de viver cada dia em vitória. Por exemplo, o Salmo 23, versículo 1, diz: "O Senhor é meu pastor e nada me faltará". Aqui Deus está afirmando que, se o Senhor (Jesus Cristo) for o seu pastor, Ele não deixará que falte qualquer coisa em sua vida, seja o que for.

Isto está escrito na Sua Palavra, é a verdade. Deus não é mentiroso e jamais colocaria qualquer versículo na Bíblia que Ele não tivesse condições de cumprir. Então por que cristãos passam necessidades? É porque esse versículo está somente na sua mente (intelecto) e não no seu coração, ou seja, a pessoa conhece o versículo, mas não tem certeza do seu cumprimento.

O fato de alguém conhecer versículos bíblicos não é a garantia de que eles vão se cumprir automaticamente em sua vida. Há cristãos que conhecem quase toda a Bíblia de cor, mas a qualidade de vida espiritual deles está muito aquém daquela que deveriam ter em proporção do que conhecem da Palavra. Por qual razão isto acontece? É que os versículos fazem parte do conhecimento intelectual da Bíblia e não espiritual.

Não basta apenas conhecer os versículos, mas é necessário ter a revelação pessoal da realidade deles e a certeza do seu cumprimento em suas vidas. Isto somente é possível no espírito e não na mente.

Ir à igreja, da qual a pessoa faz parte, também não garante vitória na sua vida. Há aqueles que dizem que vão à igreja, frequentam regularmente os cultos, dão dízimos e ofertas e nada muda em suas vidas. É somente a prática da Palavra que vai produzir resultados. São nossas atitudes diante das circunstâncias que vão determinar a vitória ou a derrota.

Há pessoas que ficam esperando as coisas se resolverem, mudarem, para que elas mudem também. Eu preciso dizer uma coisa muito importante sobre isso: "Primeiro nós mudamos interiormente, depois as situações ao nosso redor mudarão". Isto quer dizer que temos de assumir primeiramente o que a Bíblia diz sobre as diversas situações. Quando tivermos certeza no nosso interior de que as coisas realmente vão acontecer, elas acontecerão exteriormente.

É aqui que alguns cristãos tropeçam! Acham que indo à igreja e lendo a Bíblia tudo vai se resolver. Não! É preciso colocar em ação o que ouvimos na igreja e o que aprendemos na Bíblia.

Infelizmente existem alguns pastores afirmando que aqueles que vão às suas igrejas é que serão abençoados. Isso não é verdade. O fato de alguém frequentar esta ou aquela igreja não é, por si só, garantia de que a pessoa levará uma vida abençoada. Quem afirma isso, está sendo desonesto para com o irmão ou a irmã. Todos aqueles que andarem com fé em Deus e em Sua palavra, esses sim, é que serão abençoados.

Praticar a Palavra

"Tornai-vos, pois, praticantes da palavra e não somente ouvintes, enganando-vos a vós mesmos. Porque, se alguém é ouvinte da palavra e não praticante, assemelha-se ao homem que contempla, num espelho, o seu rosto natural; pois a si mesmo se contempla, e se retira, e para logo se esquece de como era sua aparência".

TIAGO 1:22-24

É muito interessante a comparação que o apóstolo Paulo faz da palavra com o espelho. Quando você acorda de manhã, vai ao espelho para ver como está a sua aparência, dá um "trato" no cabelo, vê como está seu rosto. Mas assim que sai do banheiro, não lembra mais de como você estava. A mesma coisa acontece com a Palavra. Se a pessoa apenas ouve, mas não a coloca em prática, o que sobra é só uma vaga lembrança dos versículos.

A eficácia da Palavra de Deus só pode ser comprovada quando praticada.

Aqui está o segredo da vida vitoriosa: "Você lê a Palavra na Bíblia e tem certeza absoluta de que Ela é a verdade e que vai se cumprir exatamente conforme está escrito". Se existir dúvida, não tem como receber o seu cumprimento.

Tudo o que precisamos é fazer com que a Palavra de Deus trabalhe para nós. Fazê-l´A funcionar. Por exemplo: você recebe uma bicicleta de presente e a coloca na garagem da sua casa. Alguém olha para ela e diz: "Nossa que bicicleta bonita você tem. Ela anda bem?". O que você vai responder? Você certamente dirá: "Não sei eu ainda não andei nela. Não posso dizer se é boa ou não, se anda bem, se é macia. Eu não posso dizer nada porque ainda não a experimentei".

Você está entendendo porque existem cristãos salvos e sinceros, que não andam em vitória? Eles não colocaram a Palavra de Deus à prova. Não é provar a Deus. É provar, é experimentar a Sua Palavra.

Deixe-me explicar como é isso. Você vai a uma confeitaria famosa pela qualidade de seus doces e olha a vitrine com toda sua variedade. Seus olhos percorrem as prateleiras e sua boca se enche de água, à medida que você vai olhando cada tipo de doce, em exposição. Mas você vai embora e não prova nenhum. Você ficou só na imaginação, pensando em como eles deveriam ser gostosos. Como você vai ter certeza de que realmente eles eram tão bons? Quando experimentá-los. É só provando que você vai saber realmente o sabor que eles têm.

Da mesma forma acontece com a Palavra de Deus. Ela está repleta de promessas maravilhosas e muitos ficam olhando para a vitrine do Senhor, onde elas estão expostas e, imaginando como deveria ser bom vê-las cumpridas em suas vidas. Deus quer que experimentemos Sua Palavra em cada área de nossas vidas. É isso o que quer dizer: "Provai e vede que o Senhor é bom". Provar, experimentar o cumprimento da Sua Palavra onde há necessidade de mudança, de vitória.

Mas isso só vai acontecer quando não houver dúvida de que a Palavra de Deus vai se cumprir em sua vida. Isto é muito pessoal.

Como é isso? Você vai ao culto, lê a Bíblia ou algum livro, ou assiste algum programa de televisão que tenha uma mensagem bíblica e essa palavra que você leu ou ouviu falar dentro de você. Isso quer dizer que o Espírito Santo falou ao seu espírito. O que você deve fazer com essa Palavra que recebeu? Colocá-l´A em prática. Para tanto, temos de unir essa Palavra com a fé.

> *"Porque também a nós foram anunciadas as boas novas, como se deu com eles; mas a palavra que ouviram não lhes aproveitou, visto não ter sido acompanhada pela fé naqueles que a ouviram".*
>
> HEBREUS 4:2

Observe que a mesma palavra foi apresentada a um grupo de pessoas. Qual a razão da palavra ter funcionado para um grupo e para outro não?

Note que não foram palavras ou mensagens diferentes. Não foi pregada uma palavra para um grupo e outra palavra para outro grupo. Se fosse, nós poderíamos dizer que o problema estava com a palavra. Mas foi a mesma palavra. Então a diferença não está na palavra, mas sim nos ouvintes.

O que o versículo nos diz que aconteceu? Que um grupo misturou a palavra que ouviu com a fé e outro grupo não.

Você sabe o que é misturar? Você pega café e coloca um pouco de leite e o café e o leite se misturam e você não consegue mais separar um do outro. É assim que deve ser com a Palavra de Deus. Ela tem de ser misturada de tal maneira com a sua fé que já não dá mais para separá-las. Elas estão misturadas uma na outra. Quando isso acontecer, você vai ver a Palavra de Deus funcionando em sua vida.

CAPÍTULO 3

A SEMENTE DA PALAVRA

"assim será a palavra que sair da minha boca:
não voltará para mim vazia, mas fará o que me apraz e
prosperará naquilo para que a designei".
ISAÍAS 55:11

A Palavra de Deus carrega nela mesma todo o potencial para produzir o resultado para o qual ela foi enviada. O poder para produzir resultados reside na própria Palavra. Preste bastante atenção no que está sendo desenvolvido neste capítulo, pois vai fazer diferença em sua vida.

É muito importante entendermos a maneira como a Palavra se cumpre na vida de todo aquele que tem fé.

Deus enviou Sua Palavra para que ela se cumprisse na vida de Seu povo. A Palavra de Deus não é como a palavra dos homens, que pode falhar. Quando Deus liberou Sua Palavra, sujeitou Sua pessoa à autoridade dela. Sabe o que significa isto: "Que Ele se colocou em obrigação de cumprir tudo que falou".

Como Deus é perfeitamente justo e não pode mentir por causa do Seu caráter, Sua Palavra nunca vai falhar.

Isso quer dizer que ela tem de cumprir o objetivo para o qual foi enviada. Por que, então, não vemos o seu cumprimento na vida de alguns crentes sinceros e que amam ao Senhor? Qual a condição necessária para que a Palavra se cumpra na vida dos salvos?

Para melhor entendermos o significado disto, vamos recorrer a uma passagem bíblica muito conhecida, a parábola do semeador:

> *"Eis que o semeador saiu a semear. E, ao semear, uma parte caiu à beira do caminho; foi pisada, e as aves do céu a comeram. Outra caiu sobre a pedra; e, tendo crescido, secou por falta de umidade. Outra caiu no meio dos espinhos; e estes, ao crescerem com ela, a sufocaram. Outra, afinal, caiu em boa terra; cresceu e produziu a cento por um. Dizendo isto, cla-*

> *mou: Quem tem ouvidos para ouvir ouça"*
>
> LUCAS 8:5-8

Parábola é uma narrativa usada para transmitir uma lição moral ou ensinamento espiritual; para se explicar e reforçar o entendimento de verdades em analogia com a vida comum.

Nesta parábola, Jesus está trazendo um ensinamento aos seus discípulos sobre o que pode ocorrer com a Palavra que é ministrada. Jesus está usando uma figura relacionada com um semeador e a semeadura. Seus discípulos não entenderam o que Ele estava dizendo, então Jesus passou a explicar o seu significado.

A explicação desta parábola lança luz para o que estamos desenvolvendo neste livro a respeito da fé em Deus:

> *"E os seus discípulos o interrogaram, dizendo: Que parábola é esta? Respondeu-lhes Jesus: A vós outros é dado conhecer os mistérios do reino de Deus; aos demais, fala-se por parábolas, para que, vendo, não vejam; e, ouvindo, não entendam. Este é o sentido da parábola: a semente é a palavra de Deus".*
>
> LUCAS 8:9-11

Os mistérios do Reino de Deus não são para os curiosos ou religiosos que se firmam mais em suas próprias convicções, ou nos ensinos errados que receberam, do que naquilo que dizem as Sagradas Escrituras.

Jesus começa então a explicar o significado da parábola, primeiramente, explicando o significado da semente. Esta revelação reveste-se de grande importância para que possamos entender a importância da Palavra de Deus na vida do cristão.

*Ele afirma: "**A semente é a Palavra de Deus**".*

Que revelação extraordinária para a vida cristã. O que é necessário para uma semente germinar, se desenvolver e produzir frutos? É necessário que a semente seja semeada e que se tenha um terreno adequado, devidamente preparado para acolher a semente:

> *"O semeador semeia a palavra".*
>
> MARCOS 4:14

Todo aquele que ensina ou prega a Palavra de Deus, é um semeador.

Então já temos dois elementos para o entendimento da parábola: a semente e o semeador. O que precisamos mais para que a semente produza? O terreno, o solo adequado.

Vamos supor que você tenha duas sementes de abóbora na sua mão. Uma você coloca num terreno preparado para acolher esta semente. A outra você deixa em cima de uma mesa. Qual das duas sementes vai produzir? Elas não possuem todo o potencial para produzirem muitas abóboras? Então por que somente uma delas vai produzir fruto? O problema está na semente? Certamente que não. A semente é boa, só que se ela não for colocada no terreno adequado, não terá como se desenvolver e frutificar.

Assim é com a Palavra de Deus. Não existe nenhuma falha na Palavra. Se ela não está produzindo resultados na vida de alguém, o problema está na pessoa e não em Deus.

Há crentes que ficam "aborrecidos" com Deus, como

se Ele fosse o responsável pelos problemas que os afligem. Absolutamente, Ele não é o responsável pelos problemas. Ele é Deus de solução. Para agir e intervir em nossas vidas, ele só precisa da nossa fé. Fé é a substância que damos a Ele para operar e mudar as circunstâncias adversas, trazendo-nos a solução.

É isto que Jesus queria que seus discípulos entendessem. Ele queria que eles desenvolvessem uma fé forte e sadia que viesse a produzir resultados em suas vidas. Você já reparou, nas Escrituras, quantas vezes Jesus chamava a atenção dos discípulos com relação à fé que eles e outras pessoas tinham? Algumas afirmações de Jesus quanto à fé:

- ... homens de pequena fé – Mt 6 : 30;
- Nem mesmo em Israel encontrei tanta fé – Mt 8: 10;
- Homem de pouca fé, porque duvidaste – Mt 14 : 31;
- Ó mulher, grande é a tua fé – Mt 15 : 28;
- Por causa da pequenez da vossa fé – Mt 17 : 20;
- Ainda não tendes fé – Mc 4: 40;
- Tende fé em Deus – Mc 11: 22;

Depois de afirmar que a semente é a Palavra e que aquele que semeia, semeia a Palavra, Ele passa a falar sobre os tipos de solo, ou seja, sobre as situações que podem impedir o desenvolvimento de uma semente e a explicar o significado de cada um deles:

> *"A que caiu à beira do caminho são os que a ouviram; vem, a seguir, o diabo e arrebata-lhes do coração a palavra para não suceder que, crendo, sejam salvos. A que caiu sobre a pedra são os que, ouvindo a palavra, a recebem com alegria; estes não têm raiz, creem apenas por algum tempo e, na hora da*

> *provação, se desviam. A que caiu entre espinhos são os que ouviram e, no decorrer dos dias, foram sufocados com os cuidados, riquezas e deleites da vida; os seus frutos não chegam a amadurecer. A que caiu na boa terra são os que, tendo ouvido de bom e reto coração, retêm a palavra; estes frutificam com perseverança".*
>
> LUCAS 8:12-15

Estes tipos de solo da parábola do semeador, dizem respeito ao coração das pessoas na igreja. Existem quatro tipos de solo, quatro tipos de atitude em relação à Palavra:

1 - A semente que caiu à beira do caminho

Diz respeito àqueles que vão à igreja, ouvem a Palavra, mas não a recebem para praticá-la. Fazem isso religiosamente, sem o compromisso de agir, de colocar em prática, em suas vidas, o que estão ouvindo.

Você conhece pessoas que ouvem a palavra e depois fazem as coisas a seu próprio modo? Que são indiferentes ao que está sendo ministrado? A palavra não vai se cumprir na vida destas pessoas. Será uma semente improdutiva, pois elas não estão A recebendo em seus corações.

O problema não está na semente da Palavra, nem no semeador, mas no coração de quem A está ouvindo.

2 - A semente que caiu sobre a pedra

Relaciona-se com as pessoas que ouvem uma mensagem ou um estudo e logo ficam animadas; tomam posse da bênção e creem que, depois do que ouviram, tudo vai ser diferente. Só que esse entusiasmo pela Palavra é superficial. Tão logo apareçam as lutas e dificuldades, elas deixam a Palavra de lado e se detêm nos problemas.

Fé é diferente de entusiasmo. É claro que aquele que anda em fé será uma pessoa entusiasta por crer que o Senhor está no controle da situação e que a solução virá. Mas isto não significa que toda pessoa entusiasta está andando em fé.

"A fé só é verdadeiramente fé, quando for provada".

Na hora das dificuldades devemos manter nossa fé em Deus e na Sua Palavra. O problema é que, para alguns, a Palavra não permanece, o entusiasmo se esvai diante dos problemas e, logo, a pessoa está angustiada.

As dificuldades falam mais alto do que as Escrituras. Então a pessoa se deixa levar pelas circunstâncias em vez de se manter firme na Palavra.

Esta é a semente que caiu sobre a pedra. Quem fica concentrado nas circunstâncias em vez de se firmar na Palavra, também não vai ver o cumprimento d´Ela em sua vida.

3 - A semente que caiu entre espinhos

Este é outro tipo de solo ruim. O Senhor nos ensina que este tipo de solo diz respeito àqueles que ouvem a Palavra, porém, estão mais preocupados com as coisas do mundo, do que em agradar a Deus.

Nós cristãos, muitas vezes, vamos nos deparar com situações que nos trarão vantagens, benefícios, mas que não estão alinhadas com a Bíblia. Se o que ocupar nosso coração for a ambição para se conseguir mais, para crescer, para obter mais, então a Palavra de Deus será deixada de lado e vamos nos submeter às circunstâncias que estão à nossa frente.

Não existe nenhum mal em alguém crescer, enriquecer, possuir bens, se estes forem alcançados de maneira honesta e sem ferir os princípios bíblicos. Se o seu coração estiver no Senhor, então tudo o que você fizer será abençoado por Deus. Mas, se o que ocupar o seu coração forem os prazeres deste mundo, a sedução das riquezas, então os princípios da Palavra serão deixados de lado: a ética, a moral, a integridade e outros valores semelhantes a estes.

Embora possa parecer que a pessoa terá vantagens com atitudes contrárias à Palavra de Deus, o resultado final demonstrará o grande erro que foi cometido por colocar o coração nas riquezas:

> *"Ora, os que querem ficar ricos caem em tentação, e cilada, e em muitas concupiscências insensatas e perniciosas, as quais afogam os homens na ruína e perdição. Porque o amor ao dinheiro é a raiz de todos os males; e alguns, nessa cobiça, se desviaram da fé e a si mesmos se atormentaram com muitas dores".*
>
> 1 Timóteo 6:9,10

4 - A semente que caiu na boa terra

Vamos usar a seguinte ilustração: você envia alguém para entregar um presente num determinado endereço. Dá as orientações corretas como nome da rua, número e o nome de quem ela deve procurar. Só que, quando essa pessoa chega ao endereço correto, ela não é atendida pelo destinatário. Este não lhe abre a porta para receber o presente. A pessoa ganhou um presente, mas não o recebeu, não tomou posse dele. O responsável por isso é o remetente ou quem o entregou? Certamente que não. O destinatário foi o responsável pelo presente não ter chegado em suas mãos, embora lhe pertença.

O que acontece então? O entregador volta com o presente, pois o destinatário se recusou a recebê-lo.

Vamos usar estes elementos para entender o que Deus quer dizer com esse versículo:

Quem enviou? Deus.
Enviou o que? Sua Palavra.
Qual o endereço correto? O salvo e não o ímpio, que não conhece a Jesus.
Qual o significado que a porta tem? A porta é a fé.

A fé é a porta que você abre, ou não, para receber de Deus todas as promessas contidas na Sua maravilhosa Palavra.

Infelizmente há cristãos que vivem com suas portas da fé trancadas para as maravilhosas promessas do Senhor e, quando os problemas, as lutas e as dificuldades vêm, não conseguem abri-las. Ficam se lamentando sobre o que está acontecendo de mal em suas vidas em vez de tão somente se apropriarem do que a Bíblia diz a respeito daquela situação e vencê-la.

Podemos então resumir assim: uma coisa é ter o conhecimento da Palavra de Deus, e, outra coisa, é ter certeza de que Ela vai se cumprir em sua vida.

A vida vitoriosa não está no conhecimento intelectual da

Palavra de Deus, mas na certeza de que Deus vai cumpri-la em sua vida e, por fé, você toma posse das Suas promessas.

Vamos trabalhar mais sobre esse assunto, porque a vontade de Deus é que prosperemos em tudo na vida e, para que isso aconteça, temos de desenvolver nossa fé.

CAPÍTULO 4

MAIS QUE VENCEDOR

"Mas em todas estas coisas somos mais do que vencedores, por aquele que nos amou".
ROMANOS 8:28

Há uma promessa nas Escrituras que diz respeito às lutas e dificuldades pelas quais todos passamos. Sim, todas as pessoas, salvas ou não, passam por dificuldades.

Se alguém lhe disse que, ao se converter, todos os seus problemas estariam acabados ou, se você assim pensou, quero lhe dizer que isso não corresponde à verdade.

Quando Deus criou o homem, Ele proveu tudo o que este necessitava para sua vida diária. O homem tinha que trabalhar para seu sustento. Embora alguns creiam que o trabalho é uma maldição decorrente da queda, isso não é verdade, como podemos ver abaixo:

> *"Tomou, pois, o Senhor Deus ao homem e o colocou no jardim do Éden para o cultivar e o guardar".*
>
> GÊNESIS 2:15

Podemos ver então que o trabalho foi determinado por Deus antes que o homem conhecesse o pecado. Contudo o trabalho não era penoso. O trabalho é exaltado na Bíblia, como podemos ver em diversas passagens, principalmente no livro de Provérbios. Deus é trabalhador e abençoa o trabalho, não a preguiça. Aqui incluímos tanto o trabalhar físico como o trabalhar com a Palavra de Deus. Há cristãos que ficam esperando as coisas acontecerem. Nós é que fazemos com que elas aconteçam, colocando em prática o que Deus diz.

Foi após a desobediência do homem à ordem de Deus, que o trabalho passou a ser algo difícil e penoso:

> *"E a Adão disse: Visto que atendeste à voz de tua mulher, e comeste da árvore que eu te ordenara não comesses, maldita é a terra por tua causa; em fadigas obterás dela o sustento du-*

> *rante os dias da tua vida".*
>
> GÊNESIS 3:17

Para aqueles que não têm Jesus como Senhor de suas vidas, sempre haverá dúvidas sobre os resultados a serem alcançados. Se vão conseguir vencer ou não determinada situação, se existe alguma possibilidade de reverter um quadro adverso, se as coisas vão ou não melhorar. Enfim, os não salvos não conseguem ter a certeza da vitória.

Conosco não é assim, porque sabemos onde colocar nossa confiança e temos segurança quanto aos resultados, pois antes mesmo que as coisas aconteçam, sejam elas quais forem, através das Sagradas Escrituras, temos a garantia de vitória:

> *"Em todas estas coisas, porém, somos mais do que vencedores, por meio daquele que nos amou".*
>
> ROMANOS 8:37

O versículo não está dizendo que após a conversão você não terá mais problemas, que o Senhor vai afastar do seu caminho todas as lutas e dificuldades e que, agora salvo, vai desfrutar das bênçãos de Deus sem precisar fazer qualquer esforço.

Absolutamente, não é isto que a Palavra de Deus diz. É aqui que muitos cristãos se decepcionam, pois imaginaram exatamente isso, que tudo se resolveria de forma automática e que não teriam mais problemas em suas vidas.

A promessa de Deus não é a ausência de lutas, mas a garantia de vitórias sobre todas elas. Você sabe o que é entrar numa luta sabendo antecipadamente que, independente da força do adversário, do tamanho da dificuldade, você já venceu?

> *"Estas coisas vos tenho dito para que tenhais paz em mim. No mundo passais por aflições; mais tende bom ânimo; eu venci o mundo".*
>
> JOÃO 16:33

A grande pergunta é: "Por quem Jesus venceu o mundo?" Será que essa vitória foi para Si mesmo? É claro que não. Jesus não precisava vencer todas as coisas por causa d'Ele, mas por nós, por causa dos problemas que se abateram sobre toda a humanidade em função da queda de Adão.

Todas as vitórias que Jesus conquistou sobre satanás, sobre o pecado, sobre o inferno e sobre a morte, foram por nós e para nós.

Ele se tornou o que nós éramos, se identificou conosco na cruz carregando n'Ele mesmo todos os nossos pecados e tipos de misérias, para que nós pudéssemos ter uma vida nova aqui na terra:

> *"E, assim, se alguém está em Cristo, é nova criatura; as coisas antigas já passaram; eis que se fizeram novas".*
>
> 2 CORÍNTIOS 5:17

Aqui está a nova vida, uma nova realidade. Para ter essa nova vida e sair da velha vida, temos de estar em Cristo. Portanto, ser nova criatura é somente para aqueles que têm Jesus Cristo como Senhor.

Não importa o tipo de vida que a pessoa levou anteriormente. Em Cristo, agora, ela tem uma perspectiva diferente e maravilhosa pela frente.

Muitas pessoas dizem que dariam tudo para ter uma vida diferente, uma nova oportunidade para mudarem o rumo de suas vidas. Pois bem, Jesus Cristo, através de sua obra redentora, abriu essa possibilidade: de alguém ter sua vida transformada pela graça salvadora e passar a ter uma vida nova pela frente.

Então o que é necessário para que se possa andar em vitória? A Palavra de Deus nos diz como:

> *"porque todo o que é nascido de Deus vence o mundo; e esta é a vitória que vence o mundo: a nossa fé".*
>
> 1 JOÃO 5:4

A única maneira de alguém superar todas as dificuldades e viver uma vida abençoada sobre a terra, a despeito de todas as lutas e problemas que possa enfrentar, é andando em fé.

Às vezes, o grande problema não é a falta de conhecimento, mas o que a pessoa faz com o conhecimento que já possui a respeito das coisas de Deus. A Palavra nos foi dada para gerar fé em nossos corações e não para ser alvo de discussões filosóficas ou servir de orgulho religioso.

CAPÍTULO 5

DEIXANDO O PASSADO PARA TRÁS

"... mas uma coisa faço: esquecendo-me das coisas que para trás ficam e avançando para as que diante de mim estão, prossigo para o alvo, para o prêmio da soberana vocação de Deus em Cristo Jesus".

FILIPENSES 3:13b,14

Paulo tinha sido um perseguidor da Igreja no seu zelo pelo judaísmo. Ele era fariseu da tribo de Benjamin (uma tribo nobre de Israel), um doutor da lei. Paulo perseguia e assolava a Igreja. Onde soubesse que havia cristãos reunidos, ele ia atrás para prender, julgando estar fazendo um trabalho para Deus.

> *"Saulo (também chamado de Paulo), respirando ainda ameaças e mortes contra os discípulos do Senhor, dirigiu-se ao sumo sacerdote, e pediu-lhe cartas para as sinagogas de Damasco, a fim de que, caso achasse alguns que eram do caminho, assim homens como mulheres, os levasse presos para Jerusalém".*
>
> Atos 9:1,2

Quantos lares não foram destruídos por Paulo e quantos pais e mães não foram presos, separados de seus filhos e mortos por causa dessas perseguições? Contudo, sua vida passou por uma grande transformação quando ele teve um encontro com Cristo, no caminho de Damasco.

Não foi só o corpo de Paulo que caiu por terra. Caíram-lhe dos olhos as escamas espirituais da religiosidade, que o impediam de conhecer a verdade e, embora tenha ficado fisicamente cego por um pouco de tempo, podia agora contemplar uma nova realidade - que Jesus era verdadeiramente o Cristo.

A partir daí, Paulo entregou-se totalmente ao Senhor e se tornou um dos mais valorosos e ferrenhos defensores do evangelho. Assim como no judaísmo, em sua nova vida, ele teria o mesmo zelo e dedicação para com o evangelho da graça, junto aos gentios.

Agora, pense no peso que poderia estar sobre sua vida, sabendo que os cristãos estavam seguindo a verdade e que ele, Paulo, tinha sido um duro carrasco daqueles que agora eram seus irmãos na fé. Quanta tristeza e dor ele havia causado na vida daqueles que professavam fé em Cristo?

Ao descobrir a verdade, Paulo poderia ter se sentido tão culpado a ponto de rejeitar seu chamado por causa desse peso, pela forma atroz como ele havia tratado esses cristãos. No entanto, sua atitude foi diferente. Embora sentisse pesar pelos seus atos contra a Igreja, e reconhecesse que, dentre os pecadores ele era o principal, Paulo não permitiu que isso travasse sua carreira cristã e o impedisse de prosseguir dentro do plano que Deus tinha preparado para sua vida.

Por essa razão, em sua carta aos Filipenses, ele afirma que deixava para trás as coisas erradas que tinha feito. Ele estava centrado no alvo que tinha à frente, na nova vida e não nos erros do seu passado:

> *"... Mas uma coisa faço, e é que, esquecendo-me das coisas que para trás ficam, e avançando para as que estão diante de mim, prossigo para o alvo, pelo prêmio da soberana vocação de Deus em Cristo Jesus".*
>
> FILIPENSES 3:13,14

Esta também deve ser a atitude daqueles que desejam uma vida de vitória sobre a terra.

Existem duas situações que podem ser nocivas, prejudiciais, à nova vida em Cristo com relação ao passado: o fracasso e o sucesso.

O Fracasso

Os fracassos, as derrotas que sofremos em nosso passado não devem, de maneira alguma, servir como exemplo para essa nova vida. Não importa quão erradas eram as coisas que lhe aconteceram antes de conhecer Jesus como Senhor. Você agora é nova criatura e o seu passado foi crucificado com Cristo e sepultado juntamente com Ele.

Isto quer dizer que você não deve ressuscitar o que passou e ficar imaginando que as coisas não vão dar certo na nova vida, porque assim o foi antes de você se converter. Não. Quando Paulo disse que ele se esquecia das coisas que para trás ficavam, ele não estava dizendo que não se lembrava dos seus erros passados. O que ele estava afirmando é que não deixaria que isso o impedisse de cumprir com a vontade de Deus em sua vida.

Os erros que cometemos devem servir de lição e não de traumas que nos imobilizem ou nos atem e nos impeçam de receber tudo de bom que Deus tem preparado para nós.

A vontade de Deus é boa, agradável e perfeita (Romanos 12: 2). Então você não deve atrelar sua vida atual àquela que você viveu anteriormente e, com isso, impedir o que Deus tem preparado de bom para realizar em e através de você.

O Sucesso

Tão prejudicial à nova vida quanto o fracasso, é o sucesso passado. Você nunca ouviu pessoas contando quão bem sucedidas elas já foram e que vida extraordinária elas tinham antes de conhecer a Cristo? Elas transmitem a impressão que o melhor de suas vidas já passou. Que a nova vida em Cristo não tem como superar a glória que elas tinham antes de conhecê-lo.

Quando alguém tem esta visão, está fechando as portas para o que Deus tem a realizar em sua vida, deixa de experimentar a glória de Deus e as coisas novas que Ele tem preparado para aqueles que O amam de verdade:

> *"mas, como está escrito: Nem olhos viram, nem ouvidos ouviram, nem jamais penetrou em coração humano o que Deus tem preparado para aqueles que o amam".*
>
> I CORÍNTIOS 2:9

O que Deus tem nesta nova vida supera, em muito, tudo o que a pessoa já conquistou no seu passado, pois na velha vida, embora pudesse haver alguma glória, esta era mundana, não tendo como produzir verdadeira paz nem alegria no coração.

As pessoas no mundo mascaram os seus reais sentimentos e passam a impressão de que, a despeito de todos os seus pecados, desmandos, traições, mentiras etc., vivem uma vida maravilhosa e feliz. Isso tudo é propaganda enganosa, pois na vida real, são pessoas cheias de complexos e dificuldades. Alguns tentam resolver esse vazio existencial se afundando no álcool, outros nas drogas, outros em festas ou outros meios, sem, contudo, resolverem esse conflito interior.

Na nova vida, entretanto, além da glória de Deus com todas as suas bênçãos, as pessoas têm ainda a paz que excede todo entendimento, a alegria do Senhor que é nossa força e a segurança do futuro eterno na presença de Deus.

CAPÍTULO 6

VENCENDO EM FÉ

"Estas coisas vos tenho dito para que tenhais paz em mim. No mundo, passais por aflições; mas tende bom ânimo; eu venci o mundo".

JOÃO 16:33

Como pode alguém, neste mundo tão conturbado e tão cheio de situações e dificuldades, que parecem querer nos destruir, vencer todas elas e caminhar vitoriosamente sobre esta terra? São tantas as preocupações e tantos problemas que vemos pelo mundo! Como então superar tudo isso?

Já dissemos anteriormente, mas é tão importante o que estamos afirmando, que vamos repetir. Só existe uma forma, e ela está registrada no livro das palavras eternas:

> *"porque todo o que é nascido de Deus vence o mundo; e esta é a vitória que vence o mundo: a nossa fé".*
>
> 1 JOÃO 5:4

A única maneira de andar seguro a despeito de todas as circunstâncias adversas que nos cercam, é andar por fé.

Como já vimos, o fundamento correto da fé é a Palavra de Deus. Então nossa fé tem que estar colocada no que Deus fala nas Sagradas Escrituras. Encontrar Suas promessas com relação às diversas áreas de nossas vidas, e firmar posição em cima do que Deus diz, é o grande desafio para todo aquele que quer andar em vitória.

Por que este é o grande desafio? Porque em nossa caminhada de vida aparecerão situações que irão nos afrontar, as quais vão exigir de nós, combate. Era disso que o apóstolo Paulo estava falando quando escreveu sua primeira epístola a Timóteo:

> *"Combate o bom combate da fé. Toma posse da vida eterna, para a qual também foste chamado, e de que fizeste a boa con-*

fissão perante muitas testemunhas".

1 TIMÓTEO 6:12

Quando as situações difíceis aparecem em nossa caminhada, nós podemos ter dois tipos de atitudes: ou as enfrentamos ou ficamos prostrados, reclamando do quão infelizes somos por causa dessas dificuldades. Agora eu preciso lhe alertar: ficar prostrado não vai resolver seus problemas.

Certa vez, numa programação evangélica na televisão, o pastor que estava apresentando falou uma frase que eu gravei em meu coração. Ele disse: "A vida é dura para quem é mole". Sem dúvida alguma concordei e continuo concordando com ele.

Os problemas e dificuldades, desde que o homem caiu, são inerentes a todos os seres humanos e o salvo não está livre disso. A diferença, entre o salvo e o não salvo, não está na ausência de lutas, mas em que, no caso do salvo, ele tem as armas para a vitória.

O salvo foi chamado para ser mais que vencedor. Ser mais que vencedor quer dizer ser mais que lutador. Toda vitória pressupõe uma luta que a antecede. Contudo, no nosso caso, já conhecemos o resultado antecipadamente, por causa da Palavra de Deus que nos dá essa garantia.

Para ser incrédula, a pessoa não precisa fazer nada além de andar de acordo com as circunstâncias, reclamando quando as coisas vão mal e se alegrando quando alguma coisa vai bem.

Para andar em fé, a pessoa tem de lutar e enfrentar tudo o que é contrário à vontade do Senhor.

A fé exige um combate, a incredulidade não. Por isso

existe tantas pessoas incrédula. Elas não querem lutar e enfrentar os problemas tomando por base a espada do Espírito que é a Palavra de Deus (Efésios 6: 17). Espada é arma de ataque. Significa que o crente toma a Palavra e parte para cima de toda circunstância que não é da vontade de Deus.

A vitória ou derrota não depende de Deus, mas somente de nós. Ele já fez tudo o que era preciso por nós. Agora é a vez de fazermos nossa parte e de nos apropriarmos de tudo o que Jesus conquistou por nós e para nós!

Conhecimento Intelectual X Fé

Aqui está um grande problema na vida de muitos cristãos: querem cada vez mais conhecimento, sem, contudo, praticarem o que já aprenderam.

Certa vez o Espírito do Senhor falou claramente comigo: "O problema do meu povo é que muitos estão andando pelo conhecimento e não por fé". Eu comecei a refletir sobre isso e pude entender o que Ele estava querendo me dizer. Há crentes sinceros que, com amor ao Senhor, buscam o conhecimento das Escrituras. Isso é muito bom e todo cristão deveria ter esse tipo de dedicação.

Qual o problema, então? A grande questão está no enfoque: qual a motivação de se conhecer mais e mais das Sagradas Escrituras?

Vamos usar para isso um texto muito conhecido da Palavra de Deus, mas, ao mesmo tempo, mal interpretado e mal ensinado:

"Examinais as Escrituras, porque julgais ter nelas a vida eterna, e são elas mesmas que testificam de mim. Contudo, não quereis vir a mim para terdes vida".

JOÃO 5:39-40

Alguns interpretam esses versículos como um ensinamento de Jesus para que se estudasse as Escrituras, porque nelas há vida eterna. É justamente o contrário. Ele estava chamando a atenção dos judeus para a forma errada pela qual eles estavam examinando as Escrituras. Isso mesmo.

As Escrituras foram dadas primeiramente a eles para que nunca perdessem a revelação de Deus nas suas vidas. Mas em vez de cultivarem o relacionamento com Deus, passaram a se relacionar com as Escrituras. Transformaram as Escrituras no alvo de suas vidas.

Por isso, Jesus chama a atenção destes religiosos afirmando que eles não queriam ir a Jesus para terem vida. Isso quer dizer que a vida não estava, como até agora não está, nas Escrituras. A vida está em Deus.

Hoje não é diferente. A Bíblia nos foi dada para que, conhecendo a Deus através dela, pudéssemos andar em fé. Fé fala de vida, fala de Espírito. O conhecimento sem fé gera pessoas religiosas.

O conhecimento deve gerar fé e não mais conhecimento.

Infelizmente, há irmãos com muito conhecimento bíblico, muita cultura bíblica, mas com pouquíssima fé. O que me chama a atenção nos evangelhos é quando encontramos um centurião romano e uma mulher cananeia, que não eram judeus, portanto deveriam ter pouco conhecimento das Escrituras. Mas o pouco conhecimento que eles tinham de Jesus era o suficiente para terem uma grande fé.

Isto é uma contraposição entre os judeus, que tinham uma herança espiritual e grande formação nas Escrituras. No entanto, foram duas pessoas gentias que chamaram a atenção de Jesus, que ficou impressionado pela grandeza da fé que possuíam.

Isto deve servir de grande exemplo para nós. O que importa não é o quanto de conhecimento possuímos, mas o quanto de fé já alcançamos.

Como já afirmamos: "Sem fé é impossível agradar a Deus". Note que não é: "Sem conhecimento é impossível agradar a Deus". O conhecimento que vamos adquirindo das Escrituras deveria gerar mais fé e não mais conhecimento.

O que impressiona Deus não é a quantidade de conhecimento que alguém possui, mas o tamanho da sua fé, porque esta fé, a verdadeira fé bíblica, está colocada em Deus e em Sua Palavra.

As pessoas que apoiam sua vida cristã no conhecimento adquirido e na sua cultura bíblica, e não na fé, acabam se tornando pessoas orgulhosas e arrogantes. Alguns destes acabam ensinando em seminários teológicos e ficam desfilando suas vãs filosofias, produzindo morte espiritual em vez de fé viva.

É sempre bom lembrar que todo homem nasce trazendo dentro de si o conhecimento do bem e do mal, cuja origem tem sua semente no Éden, quando Adão comeu da árvore do conhecimento do bem e do mal. Embora essa árvore tivesse o lado do bem do fruto (foi esse lado que levou Eva a comê-lo) ela era a árvore da morte:

"E o Senhor lhe deu esta ordem: De toda árvore do jardim

comerás livremente, mas da árvore do conhecimento do bem e do mal não comerás; porque, no dia em que dela comeres, certamente morrerás."

GÊNESIS 2:16,17

A partir de então, o homem passou a viver na esfera da alma e a tomar suas decisões baseadas no seu intelecto, na sua vontade ou nas suas emoções.

O alvo de Deus era que o homem comesse da árvore da vida e vivesse eternamente, não pelo conhecimento do bem e do mal, mas pela vida de Deus - a vida Zoé, que é a vida espiritual e não psicológica.

Somente o conhecimento intelectual da Bíblia não produz vida, ao contrário, produz morte, pois é fruto da árvore da morte.

Quando Jesus se manifesta para iniciar seu ministério terreno, João registra em seu evangelho a seguinte expressão:

"A vida estava nele e a vida era a luz dos homens".

JOÃO 1:4

Jesus vem representando a árvore da vida para a humanidade. Agora, todos os que vêm a Ele, vêm para a vida. Ele é a fonte da vida, e dessa fonte vem a revelação de Deus ao coração dos homens.

O propósito de Deus é que os homens passem a revelar essa vida ao mundo. Isso só é possível quando vivemos por fé.

O próprio Senhor Jesus fez afirmações sobre o que Ele vinha representar aqui na terra:

"Eu sou o pão da vida".

JOÃO 6:48

> *"O espírito é o que vivifica; a carne para nada aproveita; as palavras que eu vos tenho dito são espírito e são vida".*
>
> JOÃO 6:63

Essa era diferença que os judeus percebiam entre Jesus e seus líderes religiosos. A palavra que ambos usavam era a mesma. Mas onde estava a diferença, então? É que eles pregavam com base no conhecimento intelectual e não como fruto do relacionamento com Deus.

Esta é a grande diferença ainda hoje.

O que a Igreja precisa é de palavra viva e não de vãs filosofias e de conceitos meramente humanos sobre a palavra de Deus, que só produzem religiosidade.

Só quem se alimenta continuamente da vida que há em Jesus vai ter palavra viva para transmitir à Igreja.

O grande problema está em que muitos ficam estudando a Bíblia para buscarem coisas bonitas para falarem ou para demonstrarem conhecimento em vez de, tão somente, buscarem a presença de Deus e meditarem na Sua Palavra e, uma vez que Ele lhes fale, possam transmitir o que têm recebido do Senhor:

> *"Eu, irmãos, quando fui ter convosco, anunciando-vos o testemunho de Deus, não fiz com ostentação de linguagem ou de sabedoria. Porque decidi nada saber entre vós, senão a Jesus Cristo e este crucificado. E foi em franqueza, temor e grande tremor que eu estive entre vós. A minha palavra e a minha pregação não consistiram em linguagem persuasiva de sabedoria, mas em demonstração de Espírito e de poder, para que a*

vossa fé não se apoiasse em sabedoria humana, e sim no poder de Deus".

1 CORÍNTIOS 2:1-5

Paulo era um homem sábio e culto e tinha uma excelente formação intelectual. Contudo, ao ter um encontro com Cristo, tudo isso que ele antes considerava como sendo de grande importância caiu diante da excelência da revelação que ele recebeu diretamente do Senhor. Por isso, quando ele escreve aos Coríntios, ele faz menção do caráter de sua pregação, que não estava baseada no seu intelecto, mas no conhecimento espiritual.

Em outras palavras, como fariseu, ele ministrava pelo fruto da árvore do conhecimento do bem e do mal. Desse modo, sua preocupação era intelectual. Mas agora, com o conhecimento pessoal do Senhor Jesus, ele considerava todo o seu passado como perda, pela excelência da revelação que veio ao comer da árvore da vida, que é Jesus.

Logos e Rhema

Estas duas palavras gregas servem também para ampliar o assunto que está sendo tratado neste capítulo. Não queremos aqui detalhar o significado das mesmas, mas somente dar uma noção prática e simples do que elas significam.

Logos

É a revelação geral de Deus para a humanidade. Todo o plano de Deus está descrito na Sua Palavra. Quando alguém está lendo a Bíblia, está lendo o **logos** de Deus.

Jesus é o tema central da Bíblia, desde Gênesis até o Apocalipse. Por isso quando lemos o evangelho de João, vamos encontrar esta palavra - **logos** - referindo-se a Ele:

> *"No princípio era o Verbo (Logos), e o Verbo (Logos) estava com Deus, e o Verbo (Logos) era Deus".*
>
> JOÃO 1:1

Todas as pessoas que possuem uma Bíblia podem ler esta passagem e achar interessante. Contudo, isso não quer dizer que tenham alcançado ou recebido a revelação do versículo.

O **logos**, que é a Palavra de Deus, é geral e está à disposição de todas as pessoas; porém será apenas um conhecimento intelectual. Este tipo de conhecimento não produz coisa alguma na vida de quem lê a Bíblia, buscando-a somente com este propósito. A Palavra só vai se tornar real quando a pessoa quiser ter um relacionamento pessoal com Deus.

Por isso a advertência de Paulo:

> *"o qual nos habilitou para sermos ministros de uma nova aliança, não da letra, mas do espírito; porque a letra mata, mas o espírito vivifica".*
>
> 2 CORÍNTIOS 3:6

Sem o espírito da palavra, a Bíblia será somente letra e não fará qualquer diferença na vida de quem a lê.

Por que existem pessoas que leem a Bíblia procurando desacreditá-la perante a opinião pública? Porque estão presos à letra e não conseguem entender as coisas de

Deus.

A Bíblia é a Palavra de Deus.

Nem todos os que a leem terão experiências com Deus.

Existem até teólogos que negam certas passagens bíblicas, como a existência de Adão e Eva, por exemplo, e procuram explicar a origem do pecado à luz da razão e da lógica humanas, negando a veracidade do que a Palavra de Deus diz.

A primeira condição para que alguém possa ter um relacionamento pessoal com Deus e, dessa maneira, ter acesso a Ele para receber as revelações de Sua Palavra, é "nascer de novo". Foi isso que Jesus disse para Nicodemos, no capítulo três de João, se ele quisesse ver o Reino de Deus (João 3:6). Para ter acesso ao Reino de Deus, a pessoa tem de reconhecer sua condição de pecador e crer que Jesus, na cruz, pagou o preço pelos seus pecados, confessando-o como seu único Salvador e Senhor.

Todos os que assim procedem, passam da morte para a vida (João 5:24), e passam a ser habitação do Espírito Santo. Somente estes têm, então, acesso ao espírito da palavra, que é a revelação de Deus.

A segunda condição é buscar a Deus em espírito de oração, através da Bíblia, crendo que Ela é a verdade e, tudo que nela está escrito, procedeu da boca de Deus:

> *"Toda Escritura é inspirada por Deus e útil para o ensino, para a repreensão, para a correção, para a educação na justiça".*
>
> 2 TIMÓTEO 3:16

Toda Escritura, não apenas algumas partes dela, é inspirada por Deus. Isso quer dizer que "toda" a escritura é verdadeira. Quando alguém questiona a veracidade de algumas de suas partes, está colocando em dúvida o próprio Deus. Podem até dizer: "Os homens mudaram o que Deus falou". Esta é mais uma afirmação errônea, pois o próprio Deus vela pela sua Palavra e sempre esteve no controle, mesmo quando esta era copiada de um manuscrito para outro manuscrito.

A Bíblia foi o meio que Deus deixou ao homem para que este pudesse conhecê-l´O e não para que a conhecesse fora deste propósito. Há pessoas que têm conhecimento bíblico, mas não conhecem a Deus. Só conhecem o Logos.

Rhema

É a revelação pessoal da Palavra de Deus. Revelação é o modo como Deus nos mostra verdades que estão em Sua Palavra e que não podem ser conhecidas com a mente natural.

À medida que alguém vai buscando a Deus na Sua Palavra, esta vai se tornando uma palavra viva.

A palavra **rhema** é uma revelação pessoal e específica, que a pessoa recebe com relação a certas situações e circunstâncias pelas quais está passando, e que a fortalece para que possa superar esses momentos.

Você nunca ouviu a expressão: "Estava lendo a Bíblia e Deus falou comigo"? A pessoa está afirmando que recebeu uma **rhema** de Deus. Também alguns pregadores quando vão entregar uma mensagem, ou fazer uma pregação dizem: "Estava orando pedindo uma palavra para entregar à igreja e o Espírito Santo falou comigo".

A pessoa está afirmando que, quando estava buscando o Senhor para saber o que iria pregar, o Espírito Santo veio com a mensagem, veio com a **Rhema.**

Logos não produz fé na vida da pessoa, pois qualquer um tem acesso a Bíblia **(logos)**. Somente a **rhema** de Deus faz isto!

> *"Porém que se diz? A palavra (rhema) está perto de ti, na tua boca e no teu coração; isto é, a palavra (rhema) da fé que pregamos".*
>
> ROMANOS 10:8

O **logos** está somente na área da mente. Já a palavra da fé é a rhema que a pessoa recebeu através do relacionamento com Deus. Esta é a palavra que produz resultados na vida das pessoas.

Quando você recebe **rhema**, entra em seu coração a certeza de que Deus vai cumprir tudo quanto Ele falou com você na Sua Palavra.

Quanto mais **rhema** recebermos do Senhor, mais fé será gerada em nossos corações.

Por que existem cristãos que vivem num nível de vida inferior àquele que Deus tem preparado para suas vidas? A resposta é: "Porque só conhecem o logos de Deus", mas ainda não têm **rhema** para certas áreas de suas vidas.

Da mesma forma, existem pregadores, escritores e outros servos de Deus que transmitem incredulidade, ao invés de fé, porque eles próprios ainda não receberam **rhema** e não têm como pregar uma palavra de fé que transmita vida aos seus ouvintes.

Tenho visto homens cultos e muito inteligentes, cujas mensagens estão produzindo muito estrago na vida de cristãos sinceros, porque estão confiando no seu intelecto para transmitirem coisas espirituais e estão passando morte em vez de vida. Alguns têm se tornado excessivamente críticos contra a Igreja e têm usado a Palavra de Deus de maneira errada, procurando atingir denominações e líderes cristãos, em vez de buscarem a Deus de coração para poderem transmitir uma palavra de fé que fará a diferença na vida dos que os ouvem.

Quero aproveitar para dar um conselho a você, que está lendo este livro. Se você quiser desenvolver sua fé e se tornar um cristão forte em Deus, selecione o que ouve e lê. Existem bons pregadores e escritores que vão ser instrumentos de Deus para edificar sua vida espiritual.

Quanto a esses outros pregadores e escritores que parecem estar de mal com a vida e com a Igreja, ignore-os, pois se começar a dar ouvidos a esse tipo de mensagens, você vai ficar tão incrédulo e crítico quanto eles e deixará de ter acesso às bênçãos que o Senhor tem preparado àqueles que o buscam de todo coração.

A palavra **rhema,** aquela que vem através do seu relacionamento com Deus, é que vai fazer toda a diferença em sua vida, porque lhe dará certeza que, o que Ele falou, Ele cumprirá.

CONCLUSÃO

"De fato, sem fé é impossível agradar a Deus, porquanto é necessário que aquele que se aproxima de Deus creia que ele existe e que se torna galardoador dos que o buscam".

HEBREUS 11:6

Quando alguém anda em fé, anda em total dependência do Senhor por reconhecer que n'Ele reside a fonte de tudo que precisa para viver abundantemente, em todas as áreas de sua vida. Deixa de depender de seu próprio esforço e passa a viver em submissão a Deus e à Sua palavra.

O melhor de Deus está reservado para o Seu povo:

> *"Se quiserdes e me ouvirdes, comereis o melhor desta terra".*
>
> ISAÍAS 1:19

Se atentarmos para o que Deus diz em Sua Palavra e buscarmos vida com Ele, o Espírito Santo a transformará em um relacionamento pessoal com Deus. Através desse relacionamento, alcançaremos as promessas e a vontade d'Ele se cumprirá em nossas vidas.

> *"Filho meu, atenta para as minhas palavras; aos meus ensinamentos inclina os ouvidos. Não os deixes apartar-se dos teus olhos; guarda-os no mais íntimo do teu coração. Porque são vida para quem os acha e saúde, para teu corpo. Sobre tudo o que se deve guardar, guarda o teu coração, porque dele procedem as fontes da vida"*
>
> PROVÉRBIOS 4:20-23

Tome hoje uma decisão de viver uma nova vida em Cristo. Decida-se a viver por fé. Busque o Senhor de todo seu coração, medite na Palavra de Deus! Você encontrará as repostas para o viver diário cheio de alegria e desfrutará da plenitude de Deus.

O desejo de meu coração é que os ensinos contidos neste livro, embora colocados de uma forma bem simples e objetiva, possam, de alguma maneira, atingir o coração de todos quantos amam o Senhor e queiram viver de acordo com Sua Palavra.

> *"O Senhor te abençoe e te guarde; o Senhor faça resplandecer o rosto sobre ti e tenha misericórdia de ti; o Senhor sobre ti levante o rosto e te dê a paz".*
>
> NÚMEROS 6:25